Impressum
Verlag: BABADADA GmbH, Nedderfeld 112 , 22529 Hamburg
Geschäftsführer / Verlagsleitung: Harald Hof
Druck: Books on Demand GmbH, In de Tarpen 42, 22848 Norderstedt

Imprint
Publisher: BABADADA GmbH, Nedderfeld 112 , 22529 Hamburg, Germany
Managing Director / Publishing direction: Harald Hof
Print: Books on Demand GmbH, In de Tarpen 42, 22848 Norderstedt, Germany

مدرسه

xue xiao

کلاس درس
jiao shi
تقسیم کردن
chu
186/2
xiao yuan
تخته
hei ban
معلم
lao shi
کاغذ
zhi
نوشتن
shu xie
خودکار
gang bi
میز تحریر
ban gong zhuo
خط کش
zhi chi
کتاب
shu
دانش آموز
xue sheng

کیف مدرسه

shu bao

جامدادی

qian bi he

مداد

qian bi

تراش

juan bi dao

پاک کن

xiang pi ca

دفتر رسم

hua ban

طراحی

tu hua

قلم مو

hua bi

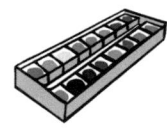

جعبه ی آبرنگ

yan liao he

قیچی

jian dao

چسب

jiao shui

كتاب تمرين

lian xi ce

تكليف خانه

jia ting zuo ye

رقم

shu zi

جمع كردن

jia

تفریق كردن

jian

ضرب كردن

cheng

محاسبه كردن

ji suan

حرف الفبا

zi mu

الفبا

zi mu biao

كلمه

zi

متن

ke wen

خواندن

du

گچ

fen bi

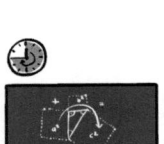

درس

shang ke

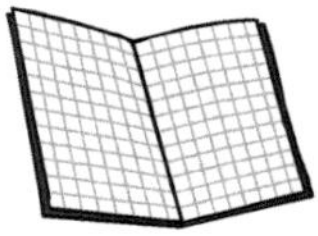

ثبت نام

deng ji

امتحان

kao shi

مدرک رسمی

zheng shu

لباس مدرسه

xiao fu

تحصیلات

jiao yu

دانشنامه

bai ke quan shu

دانشگاه

da xue

میکروسکوپ

xian wei jing

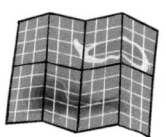

نقشه

di tu

سبد کاغذ باطله

fei zhi kuang

سفر

lü xing

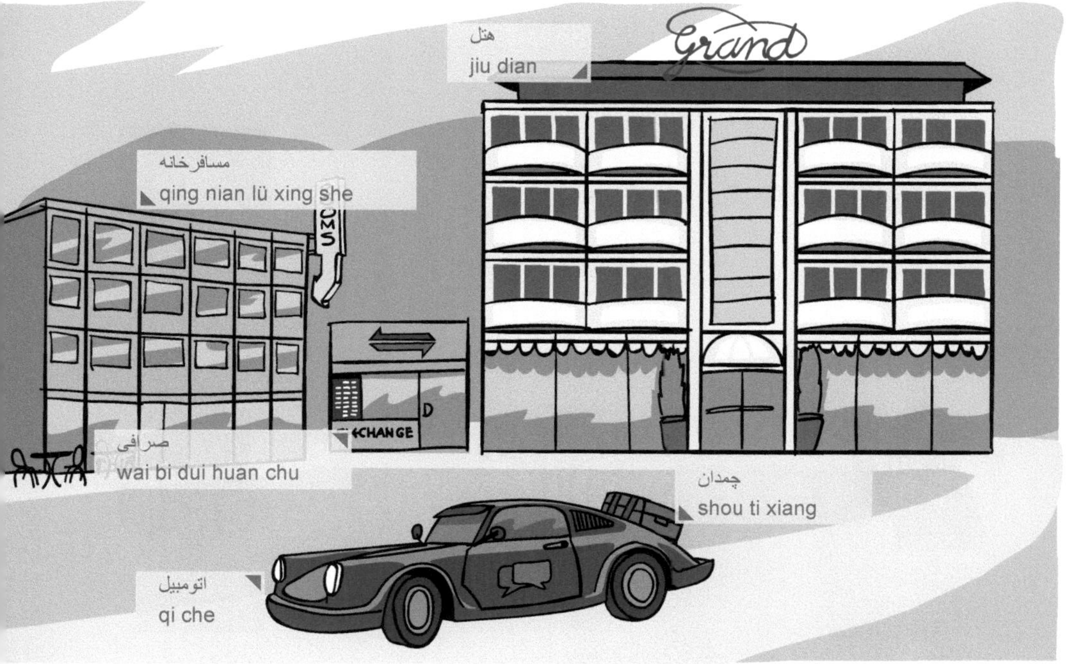
هتل
jiu dian
مسافرخانه
qing nian lü xing she
صرافی
wai bi dui huan chu
EXCHANGE
چمدان
shou ti xiang
اتومبیل
qi che

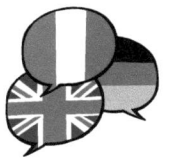

زبان
yu yan

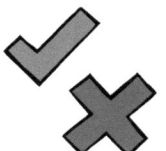

بله / خیر
shi/fou

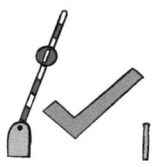

اُکی
hao de

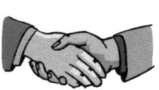

سلام
nin hao

مترجم
fan yi yuan

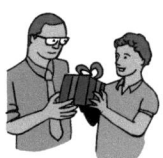

ممنون
xie xie

قیمت ... چه قدر است؟

……duo shao qian?

من متوجه نمی شوم

wo bu ming bai

مشکل

wen ti

عصر بخیر! / شب بخیر!

wan shang hao!

صبح بخیر!

zao shang hao!

شب بخیر!

wan an!

خدانگهدار

zai jian

جهت

fang xiang

بار سفر

xing li

کیف

bao

کوله پشتی

shuang jian bao

مهمان

ke ren

اتاق

fang jian

کیسه خواب

shui dai

خیمه

zhang peng

مرکز راهنمای گردشگران

lü you xin xi

ساحل

hai tan

کارت اعتباری

xin yong ka

صبحانه

zao can

نهار

wu can

شام

wan can

بلیط

piao

آسانسور

dian ti

مهر

you piao

مرز

bian jie

گمرک

hai guan

سفارتخانه

da shi guan

ویزا

qian zheng

گذرنامه

hu zhao

سفر - lü xing

حمل و نقل

jiao tong yun shu

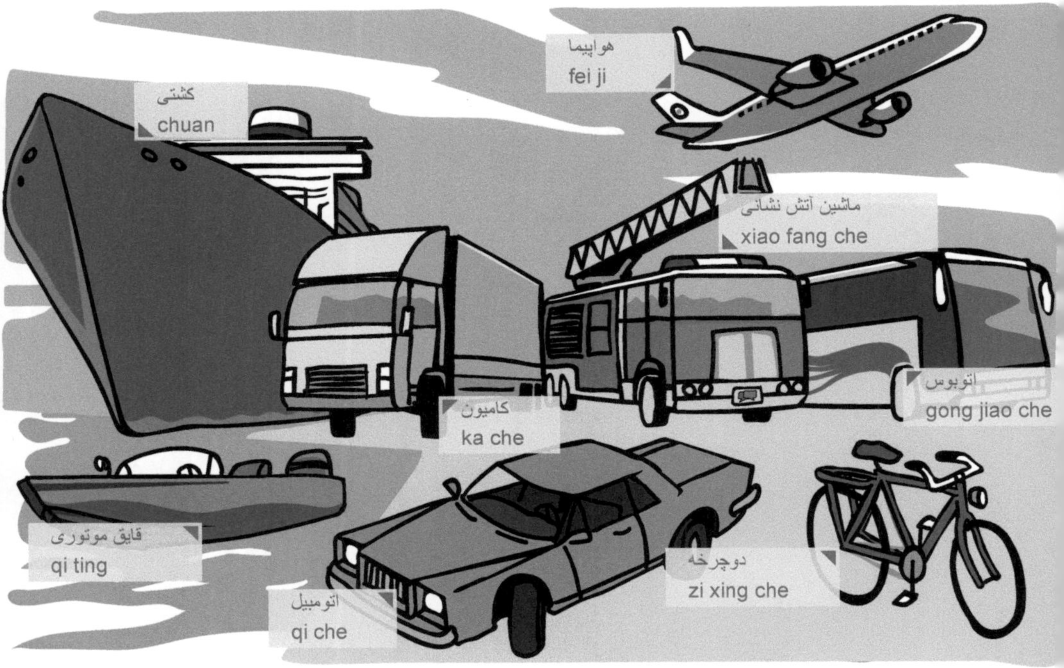
هواپیما
fei ji
کشتی
chuan
ماشین آتش نشانی
xiao fang che
اتوبوس
gong jiao che
کامیون
ka che
قایق موتوری
qi ting
دوچرخه
zi xing che
اتومبیل
qi che

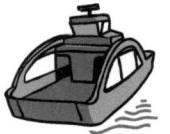

کشتی مسافربری
....
bai du chuan

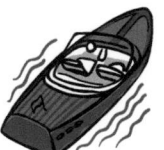

قایق
....
xiao chuan

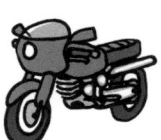

موتورسیکلت
....
mo tuo che

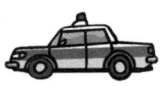

ماشین پلیس
....
jing che

ماشین مسابقه
....
sai che

ماشین کرایه ای
....
zu che

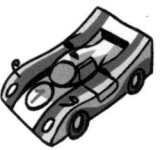

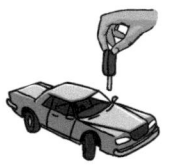

به اشتراک گذاری اتوموبیل

pin che

جرثقیل

tuo che

ماشین حمل زباله

la ji che

موتور

fa dong ji

بنزین

qi you

پمپ بنزین

jia you zhan

تابلو راهنمایی و رانندگی

jiao tong biao zhi

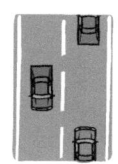

عبور و مرور

jiao tong

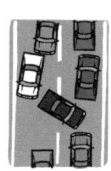

ترافیک

jiao tong du sai

پارکینگ

ting che chang

ایستگاه قطار

huo che zhan

ریل راه آهن

gui dao

قطار

huo che

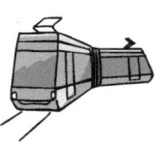

قطار برقی

dian che

واگن

huo che

هلیکوپتر

zhi sheng ji

فرودگاه

ji chang

برج

ta

مسافر

cheng ke

کانتینر

ji zhuang xiang

کارتن

zhi ban xiang

گاری

shou tui che

سبد

lan zi

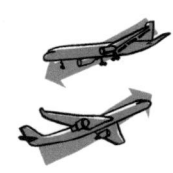

به پرواز درآمدن / فرود آمدن

qi fei/jiang luo

شهر

cheng shi

دهکده

cun zhuang

مرکز شهر

shi zhong xin

خانه

fang zi

سینما
dian ying yuan

تبلیغ
guang gao

چراغ خیابان
lu deng

CINEMA

خیابان
jie dao

تاکسی
chu zu che

دکه
xiao chi dian

عابر پیاده
xing ren

پیاده رو
ren xing dao

چهارراه
shi zi lu kou

خط کشی عابر پیاده
ban ma xian

سطل آشغال بزرگ
la ji xiang

چراغ راهنما
hong lü deng

کلبه
....
xiao wu

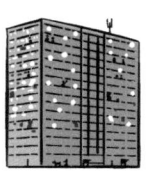

آپارتمان
....
gong yu

ایستگاه قطار
....
huo che zhan

ساختمان شهرداری
....
shi zheng ting

موزه
....
bo wu guan

مدرسه
....
xue xiao

دانشگاه

da xue

بانک

yin hang

بیمارستان

yi yuan

هتل

jiu dian

داروخانه

yao fang

اداره

ban gong shi

کتابفروشی

shu dian

مغازه

shang dian

گل فروشی

hua dian

سوپرمارکت

chao shi

بازار

shi chang

فروشگاه بزرگ

bai huo shang dian

ماهی فروش

yu dian

مرکز خرید

gou wu zhong xin

بندر

hai gang

پارک

gong yuan

نیمکت

chang deng

پل

qiao

پله

lou ti

مترو

di tie

تونل

sui dao

ایستگاه اتوبوس

gong jiao che zhan

میخانه

jiu ba

رستوران

can guan

صندوق پست

you tong

تابلوی خیابان

lu biao

دستگاه پارکومتر

ting che ji shi qi

باغ وحش

dong wu yuan

استخر شنای عمومی

you yong guan

مسجد

qing zhen si

مزرعه
....
nong chang

آلودگی محیط زیست
....
wu ran

قبرستان
....
mu di

کلیسا
....
jiao tang

زمین بازی
....
cao chang

معبد
....
si miao

چشم انداز
di xing

برگ
shu ye

تابلوی راهنمای مسیر
zhi shi pai

راه
lu

چمنزار
cao di

سنگ
shi tou

درخت
shu

راه نورد
tu bu lü xing zhe

رودخانه
he

چمن
cao

گل
hua

دره
....
xia gu

تپه
....
shan

دریاچه
....
hu

جنگل
....
sen lin

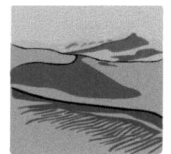

بیابان
....
sha mo

کوه آتشفشان
....
huo shan

قلعه
....
cheng bao

رنگین کمان
....
cai hong

قارچ
....
mo gu

درخت نخل
....
zong lü shu

پشه
....
wen zi

مگس
....
cang ying

مورچه
....
ma yi

زنبور
....
mi feng

عنکبوت
....
zhi zhu

سوسک

jia chong

قورباغه

qing wa

سنجاب

song shu

جوجه تیغی

ci wei

خرگوش صحرایی

ye tu

جغد

mao tou ying

پرنده

niao

قو

tian e

گراز

ye zhu

گوزن نر

lu

گوزن شمالی

mi lu

سد آب

shui ba

توربین بادی

feng li fa dian ji

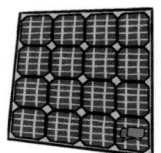

صفحه ی خورشیدی

tai yang neng dian chi ban

آب و هوا

qi hou

رستوران

can guan

fu wu yuan
منوی غذا
cai dan
صندلی
yi zi
سوپ
tang
پیتزا
pi sa bing
سرویس کارد و قاشق و چنگال
رومیزی
zhuo bu

پیش‌غذا

qian cai

غذای اصلی

zhu cai

دسر

tian dian

نوشیدنی ها

yin liao

غذا

shi wu

بطری

ping zi

فست فود

kuai can

اغذیه خیابانی

jie bian xiao chi

قوری

cha hu

قندان

tang he

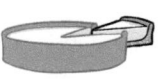

پُرس غذا

yi fen fan cai

دستگاه اسپرسو

yi shi ka fei ji

صندلی پایه بلند غذاخوری بچه

gao jiao yi

صورتحساب

zhang dan

سینی

tuo pan

چاقو

dao

چنگال

can cha

قاشق

shao zi

قاشق چایخوری

cha chi

دستمال سفره

can jin

لیوان

bo li bei

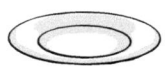

بشقاب

die zi

بشقاب سوپخوری

tang pan

نعلبکی

die zi

سس

jiang

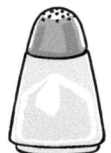

نمکدان

yan ping

فلفل ساب

hu jiao mo

سرکه

cu

روغن خوراکی

shi yong you

ادویه جات

tiao wei liao

سس کچاپ

fan qie jiang

سس خردل

jie mo

سس مایونز

dan huang jiang

سوپرمارکت

chao shi

پیشنهاد ویژه
te jia
FOR
مشتری
gu ke
لبنیات
ru zhi pin
میوه جات
shui guo
چرخ دستی خرید
gou wu che

قصابی

rou pu

نانوایی

mian bao fang

وزن کردن

cheng zhong

سبزیجات

shu cai

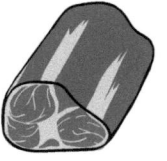

گوشت

rou

غذای منجمد

leng dong shi pin

مخلوطی از انواع کالباس یا پنیر که
ورقه ای بریده شده باشند
....
leng pan

غذای کنسروی
....
guan tou shi pin

پودر لباسشویی
....
xi yi fen

شیرینی جات
....
tian shi

لوازم خانگی
....
ri yong pin

ماده شوینده و پاک کننده
....
qing jie yong pin

فروشنده
....
xiao shou yuan

صندوق پرداخت
....
shou yin ji

صندوقدار
....
shou yin yuan

لیست خرید
....
gou wu qing dan

ساعات کار
....
kai fang shi jian

کیف پول
....
qian bao

کارت اعتباری
....
xin yong ka

کیف
....
dai zi

کیسه ی پلاستیکی
....
su liao dai

نوشیدنی ها

yin liao

آب

shui

آبمیوه

guo zhi

شیر

niu nai

نوشابه کوکاکولا

ke le

شراب

hong jiu

آبجو

pi jiu

الکل

jiu

کاکائو

ke ke

چای

cha

قهوه

ka fei

قهوه اسپرسو

yi shi nong suo ka fei

کاپوچینو

ka bu qi nuo

غذا

shi wu

موز

....

xiang jiao

سیب

....

ping guo

پرتقال

....

cheng zi

انواع هندوانه و خربزه

....

xi gua

لیمو

....

ning meng

هویج

....

hu luo bo

سیر

....

da suan

نی بامبو

....

zhu zi

پیاز

....

yang cong

قارچ

....

mo gu

آجیل

....

jian guo

ماکارونی

....

mian tiao

اسپاگتی

yi da li mian tiao

برنج

mi fan

سالاد

sha la

سیب زمینی سرخ کرده

shu tiao

سیب زمینی سرخ شده

zha tu dou

پیتزا

pi sa bing

همبرگر

han bao bao

ساندویچ

san ming zhi

شنیتسل

zha zhu pai

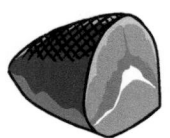

ژامبون خوک

huo tui

سالامی

sa la mi

سوسیس

xiang chang

مرغ

ji rou

نوعی گوشت سرخ شده

kao rou

ماهی

yu

جوی پرک شده

yan mai pian

نوعی صبحانه مخلوطی از برگه ذرت و
میوه های خشک شده و خشکبار که
معمولا با شیر خورده می شود
mu zi li

کورن‌فلکس

yu mi pian

آرد

mian fen

کرواسان

yang jiao mian bao

نان بروتشن

mian bao juan

نان

mian bao

نان تست

kao mian bao

بیسکویت

bing gan

کره

huang you

کشک

ning ru

کیک

dan gao

تخم مرغ

dan

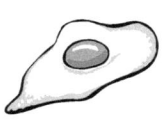

تخم مرغ نیمرو

jian dan

پنیر

nai lao

بستنی

bing ji lin

شکر

tang

عسل

feng mi

مربا

guo jiang

کرم شکلاتی بادامی

qiao ke li jiang

ادویه کاری

ga li fan

مزرعه

nong chang

خانه ی مزرعه داران
انبار غله
liang cang
خرمن گاه
dao cao kun
مزرعه
tian ye
اسب
ma
ماشین یدک کش
tuo che
کره اسب
ma ju
تراکتور
tuo la ji
خر
lü
گوسفند
yang
بره
gao yang

بز

shan yang

گاو ماده

nai niu

گوساله

niu du

خوک

zhu

بچه خوک

xiao zhu

گاو نر

gong niu

غاز

e

اردک

ya

جوجه

xiao ji

مرغ

mu ji

خروس

gong ji

موش صحرایی

shu

گربه

mao

موش

lao shu

گاو نر اخته

niu

سگ

gou

لانه ی سگ

gou wu

شلنگ باغبانی

hua yuan jiao shui ruan guan

آبپاش

sa shui hu

داس دسته بلند

chang bing da lian dao

گاوآهن

li

داس

lian dao

كج بيل

chu tou

چنگک باغبانى

chang bing cao pa

تبر

fu tou

فرقون

du lun shou tui che

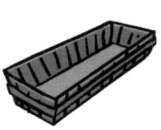

آبشخور

si liao cao

بطرى نگهدارى شير

niu nai guan

كيسه

ma bu dai

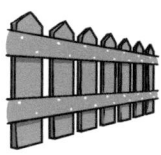

حصار

zha lan

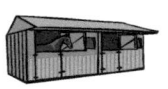

اصطبل

ma jiu

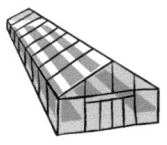

گلخانه

wen shi

خاک

tu rang

بذر

zhong zi

كود

fei liao

ماشين كمباين

lian he shou ge ji

برداشت کردن محصول

shou ge

محصول

shou ge

تمیس

shan yao

گندم

xiao mai

سویا

da dou

سیب زمینی

tu dou

ذرت

yu mi

کلزا

you cai zi

درخت میوه

guo shu

گیاه مانیوک

shu shu

غلات

gu wu

خانه

fang zi

دودکش
yan cong
پشت بام
wu ding
ناودان
luo shui guan
پنجره
chuang hu
گاراژ
che ku
زنگ در
men ling
در
men
سطل آشغال
la ji tong
صندوق مراسلات
xin xiang
باغ
hua yuan

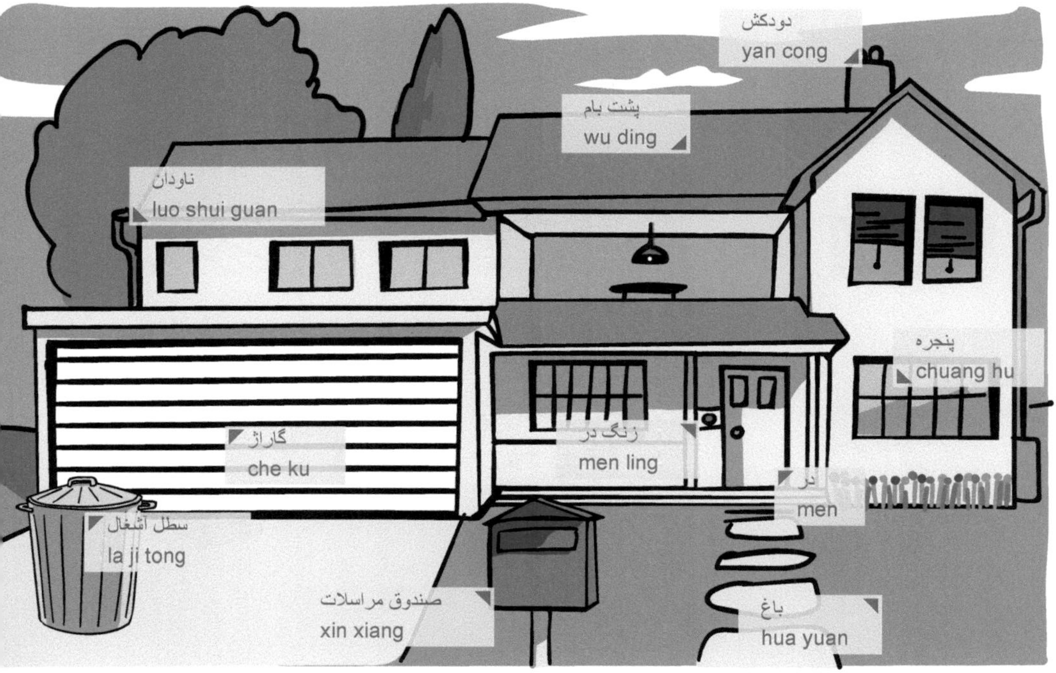

اتاق نشیمن

ke ting

حمام

yu shi

آشپزخانه

chu fang

اتاق خواب

wo shi

اتاق بچه

er tong fang

ناهارخوری

can ting

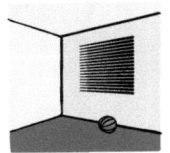

كف زمين

di ban

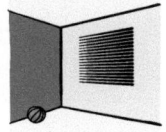

ديوار

qiang bi

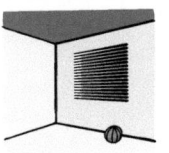

سقف

diao ding

زيرزمين

di jiao

سونا

sang na

بالكن

yang tai

تراس

lu tai

استخر

you yong chi

ماشين چمنزنى

ge cao ji

ملافه

bei dan

روتختى

chuang zhao

تخت خواب

chuang

جارو

sao zhou

سطل

shui tong

سويچ يا كليد

kai guan

اتاق نشیمن

ke ting

کاغذ دیواری
bi zhi
عکس
zhao pian
لامپ
tai deng
قفسه
ge jia
کابینت
chu gui
تلویزیون
dian shi ji
شومینه
bi lu
گل
hua
کوسن
dian zi
کاناپه
sha fa
گلدان
hua ping
کنترل تلویزیون و ویدئو و غیره
yao kong qi

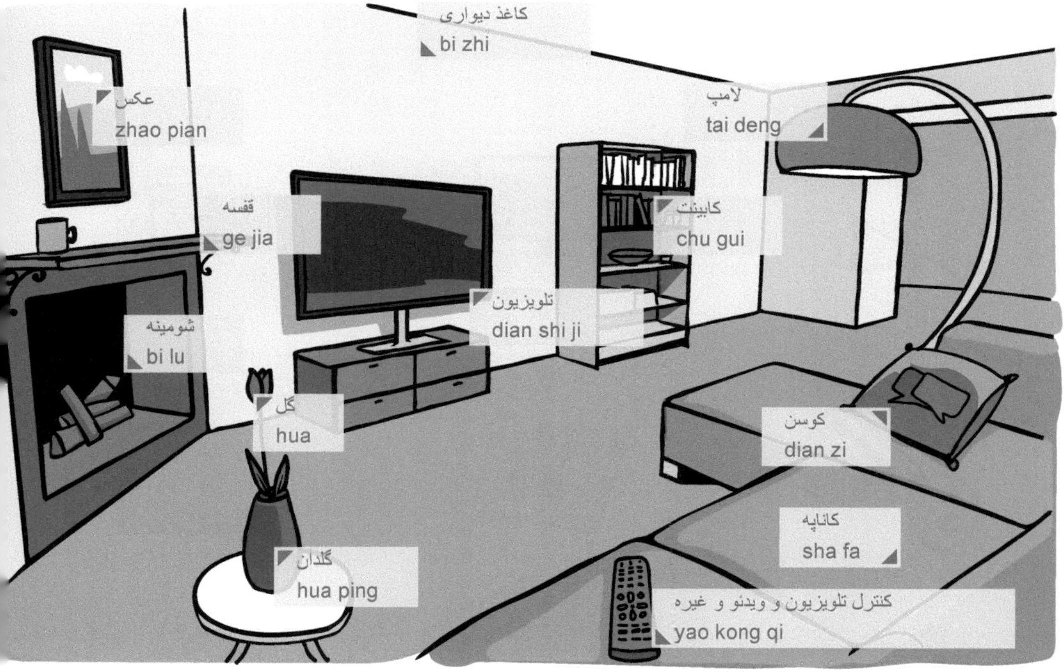

فرش

di tan

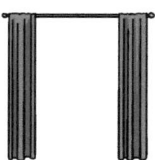

پرده

chuang lian

میز

can zhuo

صندلی

yi zi

صندلی گهواره ایی

yao yi

صندلی راحتی

fu shou yi

كتاب

shu

لحاف

tan zi

دكوراسيون

zhuang shi pin

هيزم

mu chai

فيلم

dian ying

دستگاه ضبط صوت

gao bao zhen yin xiang

كليد

yao shi

روزنامه

bao zhi

تابلو نقاشی

you hua

پوستر

hai bao

رادیو

shou yin ji

دفترچه یادداشت

bi ji ben

جاروبرقی

xi chen qi

كاكتوس

xian ren zhang

شمع

la zhu

آشپزخانه

chu fang

یخچال
bing xiang
ماکروویو
wei bo lu
تُستر
kao mian bao ji
ماده شوینده و پاک کننده
xi jie jing
فر خوراک پزی
kao xiang
جایخی
bing gui
سطل آشغال
la ji tong
ماشین ظرفشویی
xi wan ji

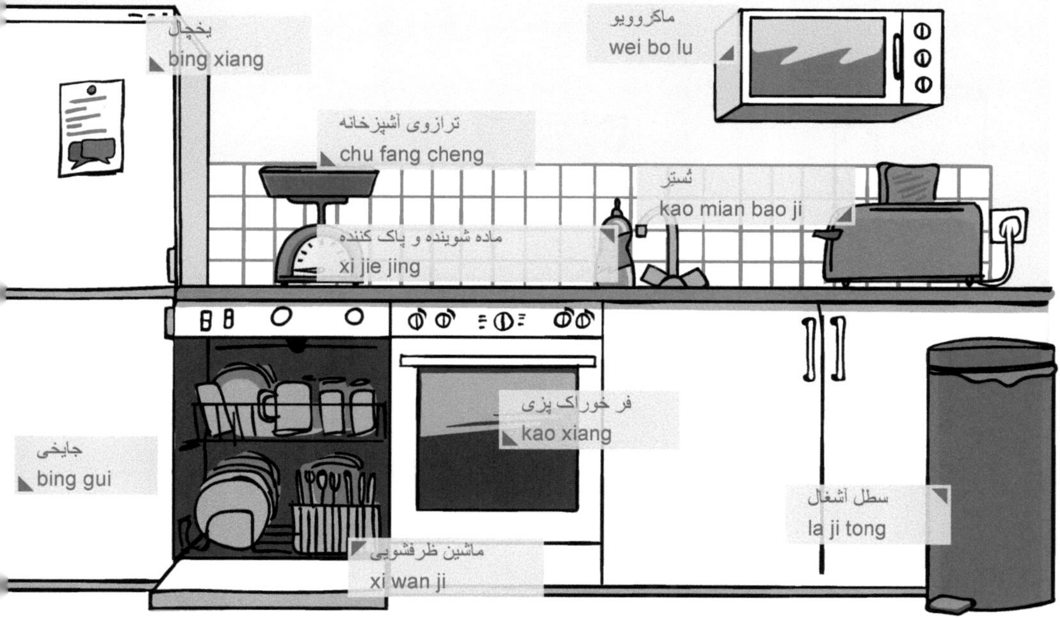

اجاق گاز

chui ju

قابلمه

guo

قابلمه چدنی

zhu tie guo

ماهی تابه گود

sha guo

ماهی تابه

ping di guo

کتری

shui hu

بخارپز

zheng guo

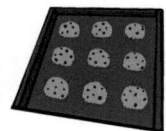

سینی فر

kao pan

ظرف چینی آشپزخانه

tao ci guo

لیوان

ma ke bei

کاسه

wan

چاپستیک

kuai zi

ملاقه

chang bing shao

کفگیر

chan zi

همزن

jiao ban qi

آبکش

lü wang

آبکش

shai zi

رنده

mo sui ji

هاون

yan bo

باربیکیو

shao kao

محل مخصوص افروختن آتش

ming huo

تخته گوشت و سبزی

cai ban

وردنه

gan mian zhang

در بطری بازکن

kai ping qi

قوطی

guan zi

در قوطی بازکن

kai ping qi

دستگیره پارچه ای

ge re shou tao

سینک ظرفشویی

shui cao

برس گردگیری

shua zi

اسفنج

hai mian

مخلوط کن

jiao ban ji

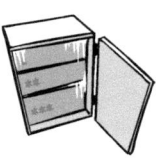

فریزر

leng cang xiang

شیشه شیر بچه

nai ping

شیر آب

shui long tou

حمام

yu shi

دوش
lin yu

بخاری
gong nuan she bei

حوله
mao jin

پرده ی حمام
yu lian

حمام کف
pao mo yu

وان حمام
yu gang

لیوان
bo li bei

ماشین لباسشویی
xi yi ji

کاشی
ci zhuan

شیر آب
shui long tou

لگن دستشویی کودکان
bian hu

سینک ظرفشویی
shui cao

توالت
ce suo

توالت ایرانی
dun bian qi

کاسه توالت
zuo yu qi

توالت مخصوص آقایان
xiao bian chi

دستمال توالت
ce zhi

فرچه توالت
ma tong shua

مسواک
....
ya shua

خمیردندان
....
ya gao

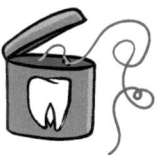

نخ دندان
....
ya xian

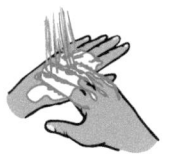

شستن
....
xi

دوش آب تلفنی
....
shou chi shi pen lin tou

شلنگ توالت
....
chong xi qi

لگن روشویی
....
xi lian pen

برس شست و شوی پشت
....
ca bei shua

صابون
....
fei zao

شامپو بدن
....
mu yu lu

شامپو
....
xi fa shui

لیف حمام
....
fa lan rong

راه آب
....
pai shui

کرم
....
ru shuang

اسپری دئودورانت
....
chu chou ji

آیینه

jing zi

آیینه ی کوچک دستی

shou jing

تیغ ریش تراشی

ti xu dao

کف ریش‌تراشی

ti xu pao mo

آفترشیو

xu hou shui

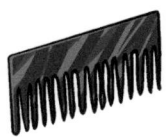

شانه ی سر

shu zi

برس

shua zi

سشوار

chui feng ji

اسپری مو

pen fa ding xing ji

آرایش

hua zhuang pin

رژلب

chun gao

لاک ناخن

zhi jia you

پنبه

hua zhuang mian

قیچی ناخن

zhi jia jian

عطر

xiang shui

کیف لوازم آرایشی و بهداشتی

xi shu bao

چهارپایه

deng zi

ترازو

ji zhong cheng

حوله ی پالتویی

yu pao

دستکش ظرفشویی

xiang jiao shou tao

تامپون

wei sheng mian tiao

نوار بهداشتی

wei sheng jin

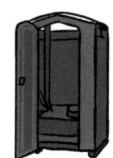

توالت سیار

hua xue ce suo

اتاق بچه
er tong fang

ساعت زنگدار
nao zhong
نوعی عروسک نرم به شکل حیوانات
mao rong wan ju
ماشین اسباب بازی
wan ju che
جغجغه
bo lang gu
خانه ی عروسکی
wan ju wu
کادو
li wu

بادکنک

qi qiu

تخت خواب

chuang

کالسکه بچه

(yang wa wa yong)ying er che

بازی ورق

pu ke pai

پازل

pin tu

داستان مصور

man hua

اسباب بازی لگو

le gao ji mu

خانه سازی

ji mu wan ju

عروسک شخصیت های فیلم و کارتون

wan ju ren

لباس نوزاد

ying er fu

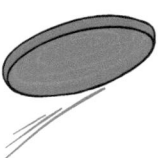

فریزبی

fei pan

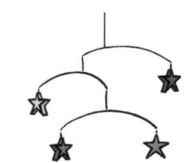

نوعی اسباب بازی که روی تخت نوزاد
یا کودک نصب می شود

chuang ling wan ju

بازی روی صفحه

qi pan you xi

تاس

shai zi

قطار اسباب بازی

huo che mo xing

پستانک

an fu nai zui

مهمانی

ju hui

کتاب مصور

hui ben

توپ

qiu

عروسک

yang wa wa

بازی کردن

wan

جعبه شنی مخصوص بازی کودکان

sha keng

تاب

qiu qian

اسباب بازی

wan ju

کنسول بازی های کامپیوتری

you xi ji

سه چرخه

san lun che

خرس عروسکی

tai di xiong

کمد لباس

yi chu

لباس
yi fu

جوراب

wa zi

جوراب زنانه ساق بلند

chang wa

جوراب شلواری

jin shen ku

شال
wei jin

چتر
yu san

تی شرت
T xu

کمربند
pi dai

پوتین
xue zi

دمپایی
tuo xie

کفش ورزشی کتانی
yun dong xie

صندل
....
liang xie

کفش
....
xie

چکمه پلاستیکی
....
yu xue

شرت
....
nei ku

سوتین
....
xiong zhao

جلیقه
....
bei xin

بادی

shen ti

شلوار

ku zi

جین

niu zai ku

دامن

duan qun

بلوز

nü shi chen shan

پیراهن

chen shan

پولیور

tao tou shan

سویی شرت

wei yi

نوعی کت

xi zhuang jia ke

ژاکت

jia ke

کت بلند

wai tao

بارانی

yu yi

لباس نمایش

tao zhuang

لباس

lian yi qun

لباس عروس

hun sha

کت و شلوار

xi zhuang

لباس خواب زنانه

shui pao

پیژامه

shui yi

ساری

sha li

روسری

tou jin

عمامه

bao tou jin

برقع

bo ka

قبا

ka fu tan

عبا

(a la bo shi)chang pao

لباس شنا

yong yi

شرت شنا

nan shi yong ku

شلوارک

duan ku

لباس ورزشی

yun dong fu

پیشبند

wei qun

دستکش

shou tao

دکمه

niu kou

عینک

yan jing

دستبند

shou lian

گردنبند

xiang lian

انگشتر

jie zhi

گوشواره

er huan

کلاه لبه دار

bian mao

چوب لباسی

yi jia

کلاه

mao zi

کراوات

ling dai

زیپ

la lian

کلاه ایمنی

tou kui

بند شلوار

bei dai

لباس مدرسه

xiao fu

لباس فرم

zhi fu

پیش بند بچه
....
wei dou

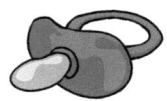

پستانک
....
an fu nai zui

پوشک بچه
....
niao bu shi

اداره

ban gong shi

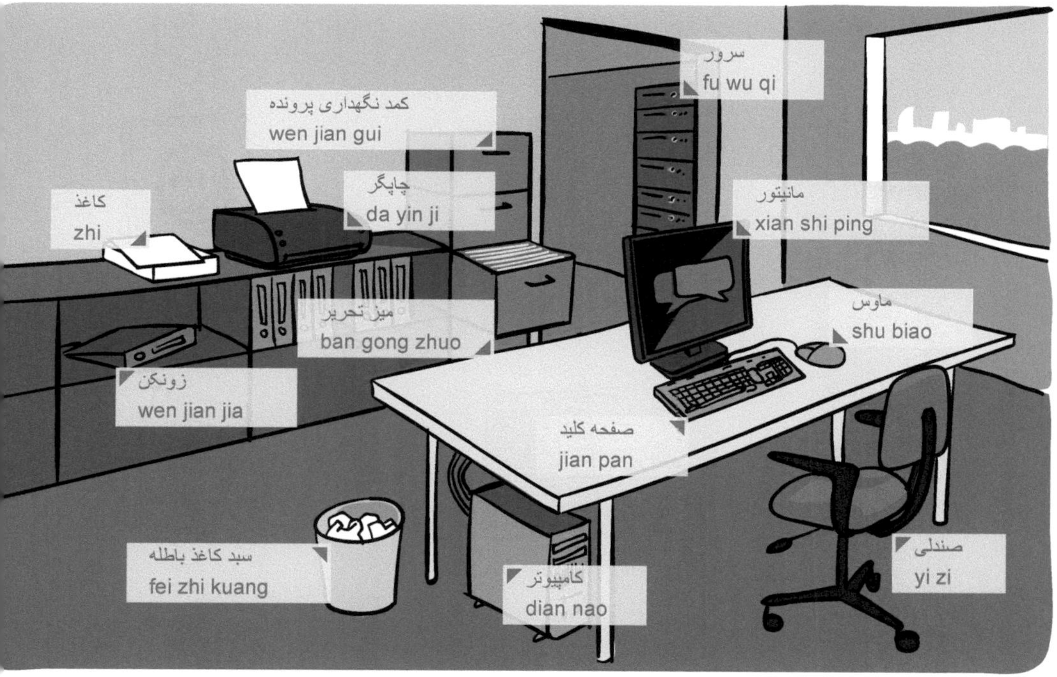

سرور
fu wu qi

کمد نگهداری پرونده
wen jian gui

چاپگر
da yin ji

کاغذ
zhi

مانیتور
xian shi ping

میز تحریر
ban gong zhuo

ماوس
shu biao

زونکن
wen jian jia

صفحه کلید
jian pan

سبد کاغذ باطله
fei zhi kuang

کامپیوتر
dian nao

صندلی
yi zi

لیوان قهوه
....
ka fei bei

ماشین حساب
....
ji suan qi

اینترنت
....
yin te wang

لپ تاپ

bi ji ben dian nao

نامه

xin jian

پیغام

xiao xi

تلفن همراه

shou ji

شبکه ی ارتباطی

wang luo

دستگاه فتوکپی

fu yin ji

نرم افزار

ruan jian

تلفن

dian hua

پریز

cha zuo

دستگاه فاکس

chuan zhen ji

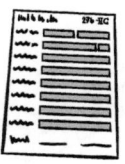

فرم

biao ge

مدرک

wen jian

خریدن

mai

پرداخت کردن

fu qian

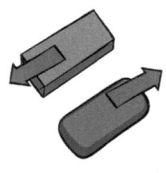

تجارت کردن

jiao yi

پول

xian jin

USD

دلار

mei yuan

EUR

یورو

ou yuan

JPY

ین

ri yuan

RUB

روبل

lu bu

CHF

فرانک سوئیس

rui shi fa lang

CNY

یوان رنمینبی

ren min bi

INR

روپیه

lu bi

دستگاه خودپرداز

ti kuan chu

صرافى

wai bi dui huan chu

طلا

jin

نقره

yin

نفت

shi you

انرژى

neng yuan

قیمت

jia ge

قرارداد

he tong

مالیات

shui jin

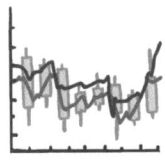

سهام سرمایه

gu piao

کار کردن

gong zuo

کارمند

zhi yuan

کارفرما

lao ban

کارخانه

gong chang

مغازه

shang dian

مشاغل

zhi ye

مامور پلیس
jing guan
آتش نشان
xiao fang yuan
آشپز
chu shi
دکتر
yi sheng
خلبان
fei xing yuan

باغبان

yuan ding

نجار

mu jiang

خیاط زنانه

cai feng

قاضی

fa guan

شیمیدان

hua xue jia

بازیگر

yan yuan

راننده اتوبوس

gong jiao che si ji

راننده تاکسی

chu zu che si ji

ماهیگیر

yu fu

نظافتچی زن

qing jie nü gong

سقف ساز

wu ding gong

پیشخدمت رستوران

fu wu yuan

شکارچی

lie ren

نقاش

hua jia

نانوا

mian bao shi

برقکار

dian gong

کارگر ساختمانی

jian zhu gong ren

مهندس

gong cheng shi

قصاب

tu fu

لوله کش

shui guan gong

پستچی

you di yuan

سرباز

shi bing

معمار

jian zhu shi

صندوقدار

shou yin yuan

گل فروش

hua nong

آرایشگر

li fa shi

مامور کنترل بلیط در قطار

shou piao yuan

مکانیک

ji xie shi

ناخدا

chuan zhang

دندانپزشک

ya yi

دانشمند

ke xue jia

عالم یهودی

la bi

امام

yi ma mu

راهب

he shang

کشیش

mu shi

ابزارآلات
gong ju

چکش
tie chui
انبردست
qian zi
پیچ گوشتی
luo si dao
آچار
ban shou
چراغ قوه
shou dian tong

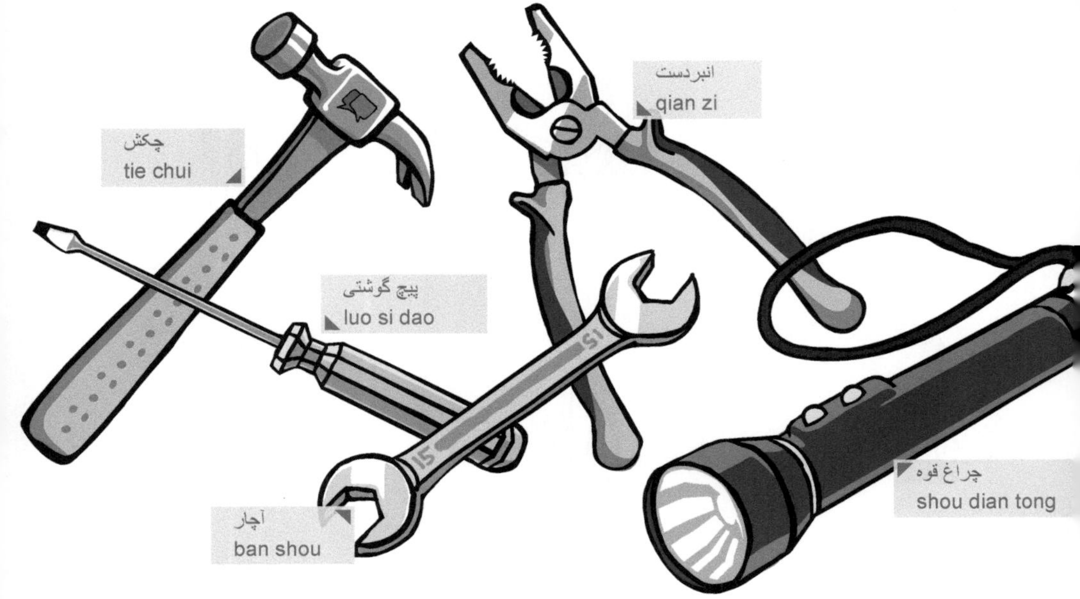

بیل مکانیکی

wa jue ji

جعبه ابزار

gong ju xiang

نردبان

ti zi

ارّه

ju zi

میخ

ding zi

مته

zuan ji

تعمیر کردن

xiu

بیل

chan zi

لعنتی!

kao!

خاک انداز

bo ji

سطل رنگرزی

you qi tong

پیچ

luo si

آلات موسیقی

yue qi

بلندگو
yang sheng qi

درامز
da ji yue qi

گیتار
ji ta

کنترباس
di yin ti qin

ترومپت
xiao hao

پیانو

gang qin

ویولن

xiao ti qin

گیتار بیس

bei si

تیمپانی

ding yin gu

طبل

gu

کیبورد الکتریک

dian zi qin

ساکسیفون

sa ke si guan

فلوت

chang di

میکروفون

mai ke feng

آلات موسیقی - yue qi

باغ وحش

dong wu yuan

ورودی
ru kou
ببر
lao hu
قفس
long zi
گورخر
ban ma
خوراک حیوانات
dong wu si liao
خرس پاندا
xiong mao

حیوانات

dong wu

فیل

da xiang

کانگورو

dai shu

کرگدن

xi niu

گوریل

da xing xing

خرس

xiong

شتر

luo tuo

شترمرغ

tuo niao

شیر

shi zi

میمون

hou zi

فلامینگو

huo lie niao

طوطی

ying wu

خرس قطبی

bei ji xiong

پنگوئن

qi e

کوسه

sha yu

طاووس

kong que

مار

she

تمساح

e yu

نگهبان باغ وحش

dong wu yuan guan li yuan

خوک آبی

hai bao

پلنگ امریکایی

mei zhou bao

اسب کوچک

ai zhong ma

پلنگ

bao

اسب آبی

he ma

زرافه

chang jing lu

عقاب

lao ying

گراز

ye zhu

ماهی

yu

لاک پشت

gui

شیرماهی

hai xiang

روباه

hu li

غزال

ling yang

ورزش ها

ti yu

فوتبال آمریکایی
gan lan qiu
دوچرخه سواری
qi zi xing che
تنیس
wang qiu
بسکتبال
lan qiu
شنا
you yong
هاکی روی یخ
bing qiu
بوکس
quan ji

فوتبال
ying shi zu qiu

بدمینتون
yu mao qiu

دوومیدانی
tian jing

هندبال
shou qiu

اسکی
hua xue

پولو
ma qiu

فعالیت ها

huo dong

پریدن
tiao
بغل کردن
yong bao
خندیدن
xiao
راه رفتن
zou lu
آواز خواندن
chang
رؤیا دیدن
zuo meng
دعا کردن
qi dao
بوسیدن
qin wen

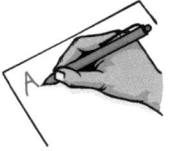

نوشتن

shu xie

رسم کردن

hua

نشان دادن

zhan shi

هل دادن

tui

دادن

gei

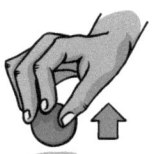

برداشتن

na

داشتن

you

انجام دادن

zuo

بودن

dang

ایستادن

zhan

دویدن

pao

کشیدن

la

پرتاب کردن

reng

افتادن

shuai dao

دراز کشیدن

tang

منتظر بودن

deng dai

حمل کردن

xie dai

نشستن

zuo

لباس پوشیدن

chuan yi

خوابیدن

shui jiao

بیدار شدن

xing lai

تماشا کردن

kan

گریه کردن

ku

نوازش کردن

fu mo

شانه کردن

shu tou

حرف زدن

jiao tan

فهمیدن

ming bai

پرسیدن

wen

شنیدن

ting

آشامیدن

he

خوردن

chi

مرتب کردن

qing li

عاشق بودن

ai

پختن

zuo fan

رانندگی کردن

kai che

پرواز کردن

fei

قایقرانی کردن
....
hang xing

محاسبه کردن
....
ji suan

خواندن
....
du

یاد گرفتن
....
xue xi

کار کردن
....
gong zuo

ازدواج کردن
....
jie hun

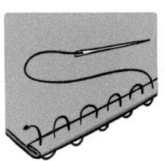

دوختن
....
feng

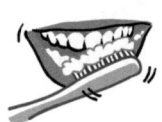

مسواک زدن
....
shua ya

کشتن
....
sha

سیگار کشیدن
....
chou yan

فرستادن
....
ji

خانواده

jia

مادربزرگ
zu mu
پدربزرگ
zu fu
پدر
fu qin
مادر
mu qin
کودک
ying tong
فرزند دختر
nü er
فرزند پسر
er zi

مهمان

ke ren

خاله، عمه

a yi

دایی، عمو

shu shu

برادر

xiong di

خواهر

jie mei

بدن

shen ti

پیشانی
qian e
چشم
yan jing
شانه
jian bang
انگشت دست
shou zhi
صورت
lian
چانه
xia ba
دست
shou
ساق پا
tui
سینه
ru fang
بازو
shou bi

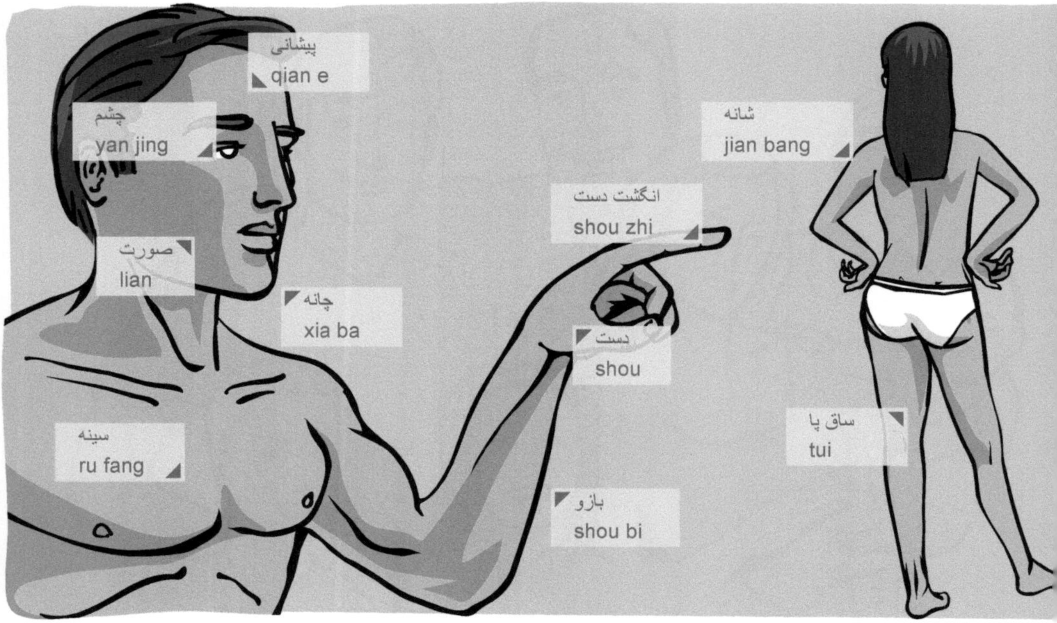

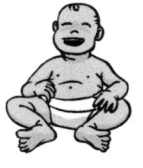

کودک

ying tong

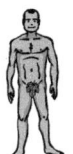

مرد

nan ren

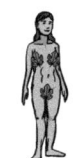

زن

nü ren

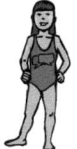

دختربچه

nü hai

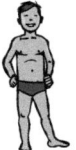

پسربچه

nan hai

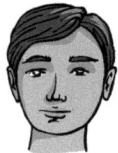

کله

tou

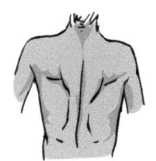

کمر
....
bei bu

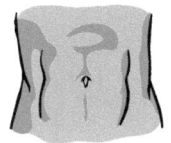

شکم
....
du zi

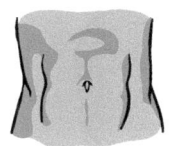

ناف
....
du qi

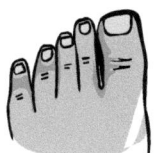

انگشت پا
....
jiao zhi

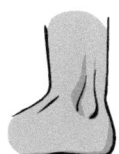

پاشنه
....
jiao hou gen

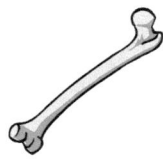

استخوان
....
gu tou

لگن
....
tun bu

زانو
....
xi gai

آرنج
....
shou zhou

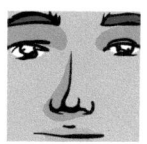

بینی
....
bi zi

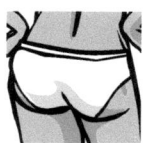

نشیمنگاه
....
pi gu

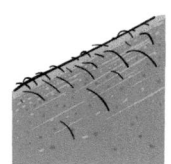

پوست
....
pi fu

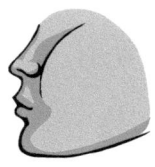

گونه
....
lian jia

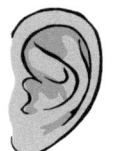

گوش
....
er duo

لب
....
zui chun

بدن - shen ti   69

دهان

zui

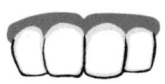

دندان

ya chi

زبان

she tou

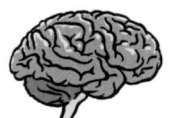

مغز

nao

قلب

xin zang

عضله

ji rou

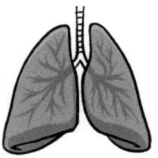

ريه

fei

كبد

gan zang

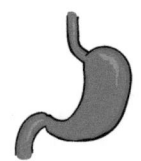

معده

wei

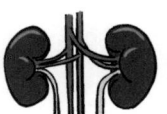

كليه

shen zang

آميزش جنسى

xing jiao

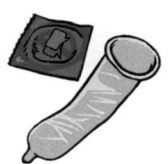

كاندوم

bi yun tao

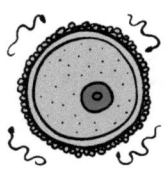

تخمك

luan zi

اسپرم

jing zi

حاملگی

huai yun

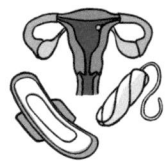

پريود

yue jing

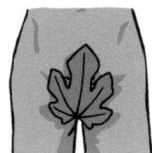

واژن

yin dao

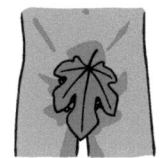

آلت تناسلی مرد

yin jing

ابرو

mei mao

مو

tou fa

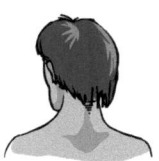

گردن

bo zi

بیمارستان

yi yuan

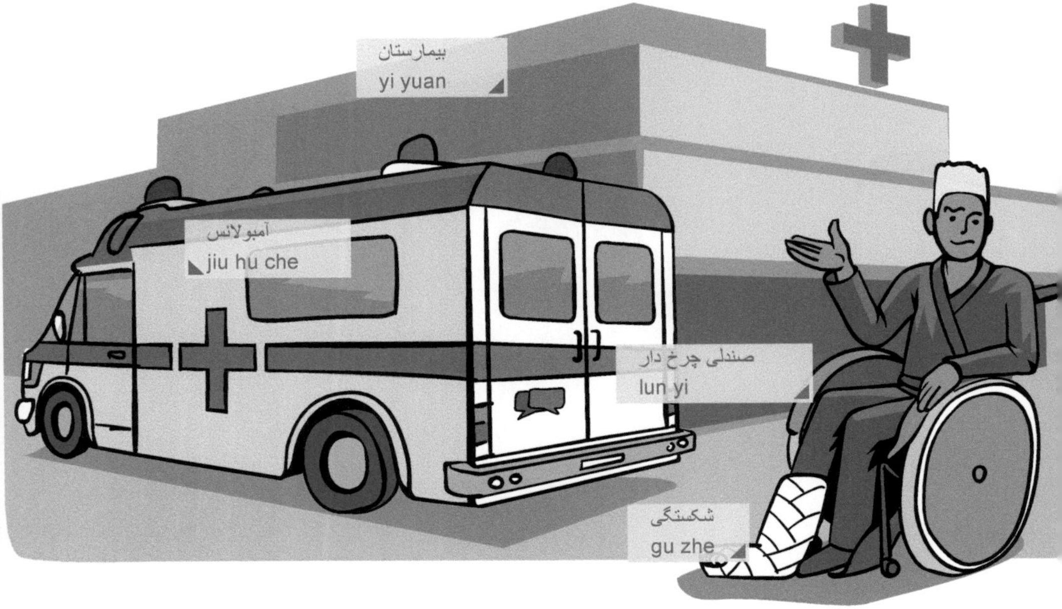

بیمارستان
yi yuan
آمبولانس
jiu hu che
صندلی چرخ دار
lun yi
شکستگی
gu zhe

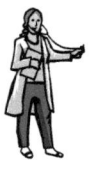

دکتر

yi sheng

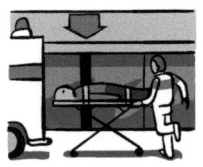

بخش اورژانس

ji zhen shi

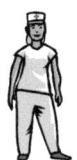

پرستار

hu shi

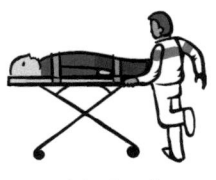

موقعیت اضطراری

jin ji qing kuang

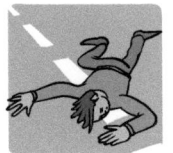

بی هوش

hun mi

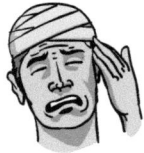

درد

tong

مصدومیت

shou shang

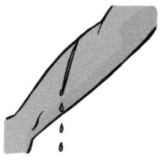

خونریزی

chu xue

سکته قلبی

xin zang bing fa zuo

سکته مغزی

zhong feng

آلرژی

guo min

سرفه

ke sou

تب

fa shao

أنفولانزا

liu gan

اسهال

fu xie

سردرد

tou tong

سرطان

ai zheng

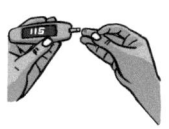

دیابت

tang niao bing

جراح

wai ke yi sheng

چاقوی جراحی

shou shu dao

عمل جراحی

shou shu

سی تی اسکن

CT

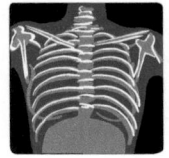

پرتونگاری

X guang

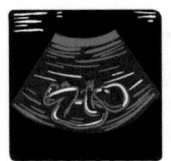

سونوگرافی

chao sheng bo

ماسک صورت

kou zhao

بیماری

ji bing

اتاق انتظار

hou zhen shi

چوب زیر بغل

guai zhang

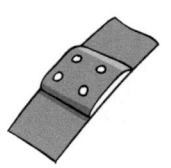

چسب زخم

shi gao

پانسمان

beng dai

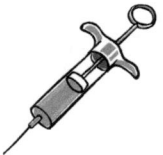

تزریق

zhu she

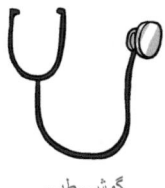

گوشی طبی

ting zhen qi

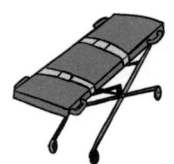

برانکار

dan jia

دماسنج

ti wen ji

زایش

chu sheng

اضافه وزن

chao zhong

سمعک
....
zhu ting qi

ماده ضد غفونی کننده
....
xiao du ye

عفونت
....
gan ran

ویروس
....
bing du

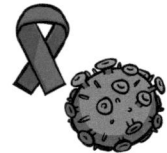

اچ آی وی / ایدز
....
ai zi bing

دارو
....
yao wu

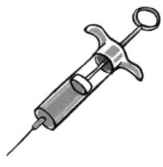

واکسیناسیون
....
jie zhong yi miao

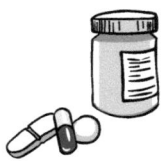

قرص
....
yao pian

قرص ضد حاملگی
....
yao wan

تماس اظطراری
....
ji jiu dian hua

دستگاه اندازه گیری فشارخون
....
xue ya ji

مریض / سالم
....
sheng bing/jian kang

موقعیت اضطراری

jin ji qing kuang

کمک!

jiu ming!

آژیر خطر

jing bao

حمله

tu ji

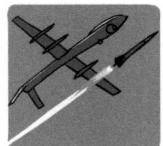

حمله ی فیزیکی

gong ji

خطر

wei xian

خروج اظطراری

jin ji chu kou

آتش

zhao huo la!

کپسول آتش‌نشانی

mie huo qi

تصادف

yi wai

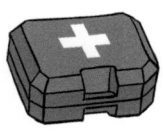

جعبه کمک های اولیه

ji jiu xiang

درخواست کمک

hu jiu xin hao

پلیس

jing cha

کره زمین

di qiu

اروپا

ou zhou

آمریکای شمالی

bei mei zhou

آمریکای جنوبی

nan mei zhou

آفریقا

fei zhou

آسیا

ya zhou

استرالیا

ao zhou

اقیا نوس اطلس

da xi yang

اقیانوس آرام

tai ping yang

اقیانوس هند

yin du yang

اقیا نوس اطلس جنوبی

nan bing yang

اقیانوس منجمد شمالی

bei bing yang

قطب شمال

bei ji

قطب جنوب

nan ji

قاره قطب جنوب

nan ji zhou

كره زمين

di qiu

سرزمين

lu di

دريا

hai

جزيره

dao

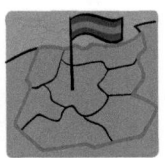

ملت

guo jia

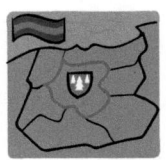

كشور

guo jia

كره زمين - di qiu

ساعت
zhong biao

صفحه ی ساعت

zhong mian

ساعت شمار

shi zhen

دقیقه شمار

fen zhen

ثانیه شمار

miao zhen

ساعت چند است؟

xian zai ji dian?

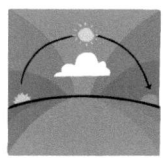

روز

tian

زمان

shi jian

اکنون

xian zai

ساعت دیجیتال

dian zi biao

دقیقه

fen

ساعت

shi

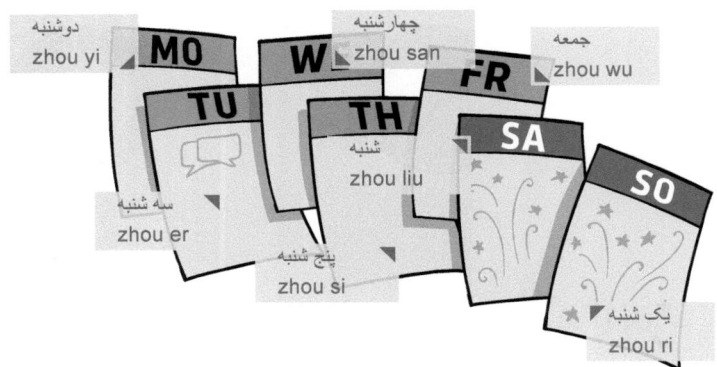

هفته

zhou

دوشنبه
zhou yi
سه شنبه
zhou er
چهارشنبه
zhou san
W
پنج شنبه
zhou si
جمعه
zhou wu
شنبه
zhou liu
SA
یک شنبه
zhou ri

دیروز

zuo tian

امروز

jin tian

فردا

ming tian

صبح

zao chen

ظهر

zhong wu

غروب

wan shang

روزهای کاری

gong zuo ri

آخر هفته

zhou mo

سال

nian

باران
yu
رنگین کمان
cai hong
باد
feng
برف
xue
بهار
chun
تابستان
xia
پاییز
qiu
زمستان
dong

4.APRIL 11°
5.APRIL 4°
6.APRIL 13°
7.APRIL 8°
8.APRIL 10°

پیش‌بینی اوضاع جوی

tian qi yu bao

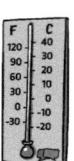

F
C
0
10
0
-10

دماسنج

wen du ji

تابش آفتاب

yang guang

ابر

yun

مِه

wu

رطوبت هوا

chao shi

صاعقه

shan dian

آسمان غره

da lei

طوفان

feng bao

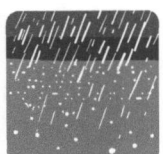

تگرگ

bing bao

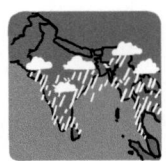

باد موسمی

ji feng

سیل

hong shui

یخ

bing

ژانویه

yi yue

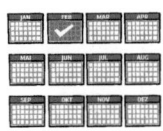

فوریه

er yue

مارس

san yue

آوریل

si yue

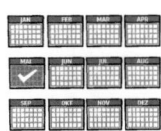

مه

wu yue

ژوئن

liu yue

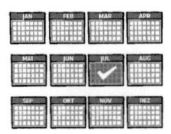

ژوئیه

qi yue

آگوست

ba yue

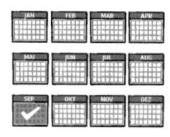

سپتامبر

jiu yue

اُکتبر

shi yue

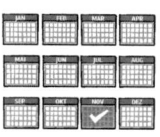

نوامبر

shi yi yue

دسامبر

shi er yue

آشکال

xing zhuang

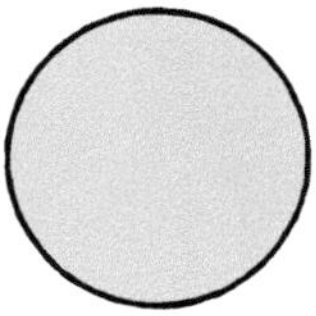

دایره

yuan xing

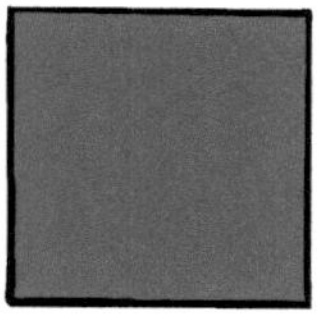

مربع

zheng fang xing

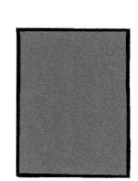

مستطیل

chang fang xing

سه گوش

san jiao xing

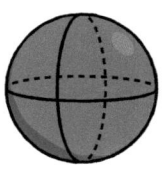

گره

qiu ti

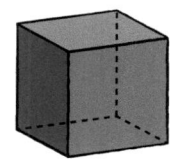

مکعب مربع

li fang ti

رنگ ها

yan se

سفید

bai

زرد

huang

نارنجی

cheng

صورتی

fen

قرمز

hong

بنفش

zi

آبی

lan

سبز

lü

قهوه ای

zong

خاکستری

hui

سیاه

hei

fan yi ci

خیلی / کم

hen duo/shao xu

خشمگین/ آرام

sheng qi/ping jing

زیبا / زشت

mei/chou

شروع / پایان

shou/wei

بزرگ / کوچک

da/xiao

روشن / تیره

ming/an

برادر / خواهر

xiong di/jie mei

تمیز / آلوده

gan jing/ang zang

کامل / ناقص

wan zheng/que shi

روز / شب

bai tian/wan shang

مرده / زنده

si/sheng

پهن / باریک

kuan/zhai

قابل خوردن / غیر قابل خوردن

ke shi yong/fei shi yong

غضبناک / مهربان

xie e/shan liang

هیجان زده / بی حوصله

xing fen/wu liao

چاق / لاغر

pang/shou

اولین / آخرین

di yi/zui hou

دوست / دشمن

peng you/di ren

پر / خالی

man/kong

سفت / نرم

ying/ruan

سنگین / سبک

zhong/qing

گرسنگی / تشنگی

e/ke

مریض / سالم

sheng bing/jian kang

غیرقانونی / قانونی

fei fa/he fa

باهوش / خنگ

cong ming/yu ben

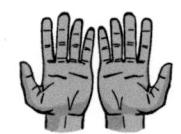

چپ / راست

zuo/you

نزدیک / دور

jin/yuan

نو / استفاده شده

xin/jiu

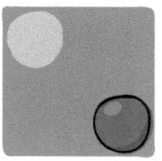

هیچ چیز / چیزی

mei you/you xie

پیر / جوان

lao/you

روشن / خاموش

kai/guan

باز / بسته

da kai/he shang

آهسته / بلند

an jing/chao nao

ثروتمند / فقیر

fu/qiong

درست / غلط

dui/cuo

زبر / صاف

cu cao/guang hua

غمگین / خوشحال

shang xin/gao xing

کوتاه / بلند

duan/chang

کند / تند

man/kuai

تر / خشک

shi/gan

گرم / خنک

wen nuan/liang shuang

جنگ / صلح

zhan zheng/he ping

اعداد

shu zi

0
صفر
ling

1
یک
yi

2
دو
er

3
سه
san

4
چهار
si

5
پنج
wu

6
شش
liu

7
هفت
qi

8
هشت
ba

9
نه
jiu

10
دَه
shi

11
یازده
shi yi

12

دوازده

shi er

13

سیزده

shi san

14

چهارده

shi si

15

پانزده

shi wu

16

شانزده

shi liu

17

هفده

shi qi

18

هجده

shi ba

19

نوزده

shi jiu

20

بیست

er shi

100

صد

bai

1.000

هزار

qian

1.000.000

میلیون

bai wan

زبان ها

yu yan

انگلیسی

ying yu

انگلیسی آمریکایی

mei shi ying yu

چینی ماندارین

pu tong hua

هندی

yin di yu

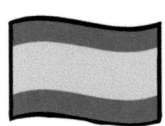

اسپانیایی

xi ban ya yu

فرانسوی

fa yu

عربی

a la bo yu

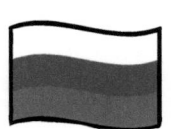

روسی

e yu

پرتغالی

pu tao ya yu

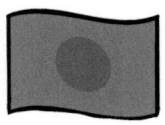

بنگالی

feng jia la yu

آلمانی

de yu

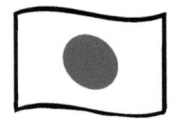

ژاپنی

ri yu

چه کسی / چه چیزی / چگونه

shei / shen me / zen yang

من

wo

تو

ni

او

ta/ta/ta

ما

wo men

شما

ni men

آنها

ta men

چه کسی؟ کی؟

shei?

چی؟

shen me?

چگونه؟

zen yang?

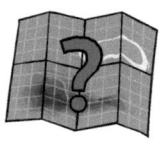

کجا؟

na li?

کِی؟

shen me shi hou?

نام

ming zi

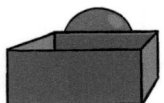

کجا

fang wei

پشت

hou mian

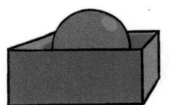

توی

li mian

جلو

qian mian

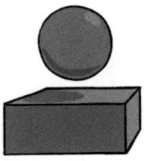

بالای

shang fang

روی

shang mian

زیر

xia mian

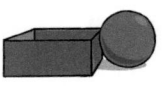

مجاور

pang bian

بین

zhong jian

مکان

di dian